쿠키런 킹덤

⟨19⟩ 다가오는 결전의 날

글 김강현 그림 김기수

글 김강현

종합학습만화지 〈보물섬〉에 수리과학 만화 〈홈즈VS루팡 수학대전〉과 예체능 만화 〈파이팅 야구왕〉을 연재했습니다. 지은 책으로 〈라바 에코툰〉, 〈코믹 드래곤 플라이트〉, 〈쿠키런 서바이벌 대작전〉, 〈신비아파트 한자 귀신〉, 〈잠뜰TV 픽셀리 초능력 히어로즈〉 등이 있습니다. 어린이들이 만화를 통해 상상력과 창의력을 키울 수 있도록 끊임없이 연구하며 글을 쓰고 있답니다.

그림 김기수

학습만화 단행본 〈코믹 귀혼〉, 〈카트라이더 수학 배틀〉, 〈테일즈런너 바다 생물 편〉, 〈코믹 서유기전〉, 〈마법천자문 영문법원정대〉, 〈메이플 매쓰〉, 〈쿠키런 서바이벌 대작전〉, 〈신비아파트 한자 귀신〉 등 여러 어린이 학습만화를 그렸습니다. 어린이들이 즐겁고 재미있게 공부하고 꿈을 키울 수 있도록 멋진 그림을 그리고 있답니다.

캐릭터 소개

용감한 쿠키

기억을 잃고 달고나 마을에서 깨어난 쿠키.
어둠마녀 쿠키에 맞서 쿠키 대륙의 평화를
지키기 위해 동료 쿠키들과 모험을 한다.

다크카카오 쿠키

다크카카오 왕국의 왕이었던 고대 영웅 쿠키.
용감한 쿠키 일행이 되어 어둠마녀 쿠키에
맞서 싸울 쿠키들을 찾아다니는 중이다.

퓨어바닐라 쿠키

바닐라 왕국의 왕이었던 고대 영웅 쿠키.
눈에 띄는 외모를 가리고자
허름한 차림으로 다닌다.

홀리베리 쿠키

과거 홀리베리 왕국을 세운 건국 왕이었으며
고대 영웅 쿠키 중 하나이다. 힘이 무척 세다.

골드치즈 쿠키

골드치즈 왕국의 여왕인 고대 영웅 쿠키.
자기 자신보다 왕국의 국민들을
더 소중히 여기는 자애로운 통치자다.

스모크치즈맛 쿠키

골드치즈 쿠키의 최측근이며
피라미드의 수호자. 피라미드에 침입한
용감한 쿠키 일행을 경계한다.

페투치니맛 쿠키

친구가 되고 싶어서 용감한 쿠키에게
다가간 쿠키. 다른 공간으로 쉽게
이동할 수 있는 신비한 힘을 가지고 있다.

흑당맛 쿠키

검은 성벽을 지키는 파수꾼 부대의 대장 쿠키.
어둠마녀 쿠키 일당의 음모를 알아챈 후
대륙의 쿠키들을 지키기 위해 노력한다.

어둠마녀 쿠키

소울 잼의 힘으로 흩어졌던 육체를 모아
부활했다. 과거처럼 다시 쿠키 대륙을
혼란에 빠트리기 위해 음모를 꾸민다.

벨벳케이크맛 쿠키

어둠마녀 쿠키의 부하로 과거 케이크 몬스터
군단의 군단장이었다. 부활한 어둠마녀 쿠키의
악한 모습을 보며 혼란스러워 한다.

차 례

1화 수정 구슬 속 세계

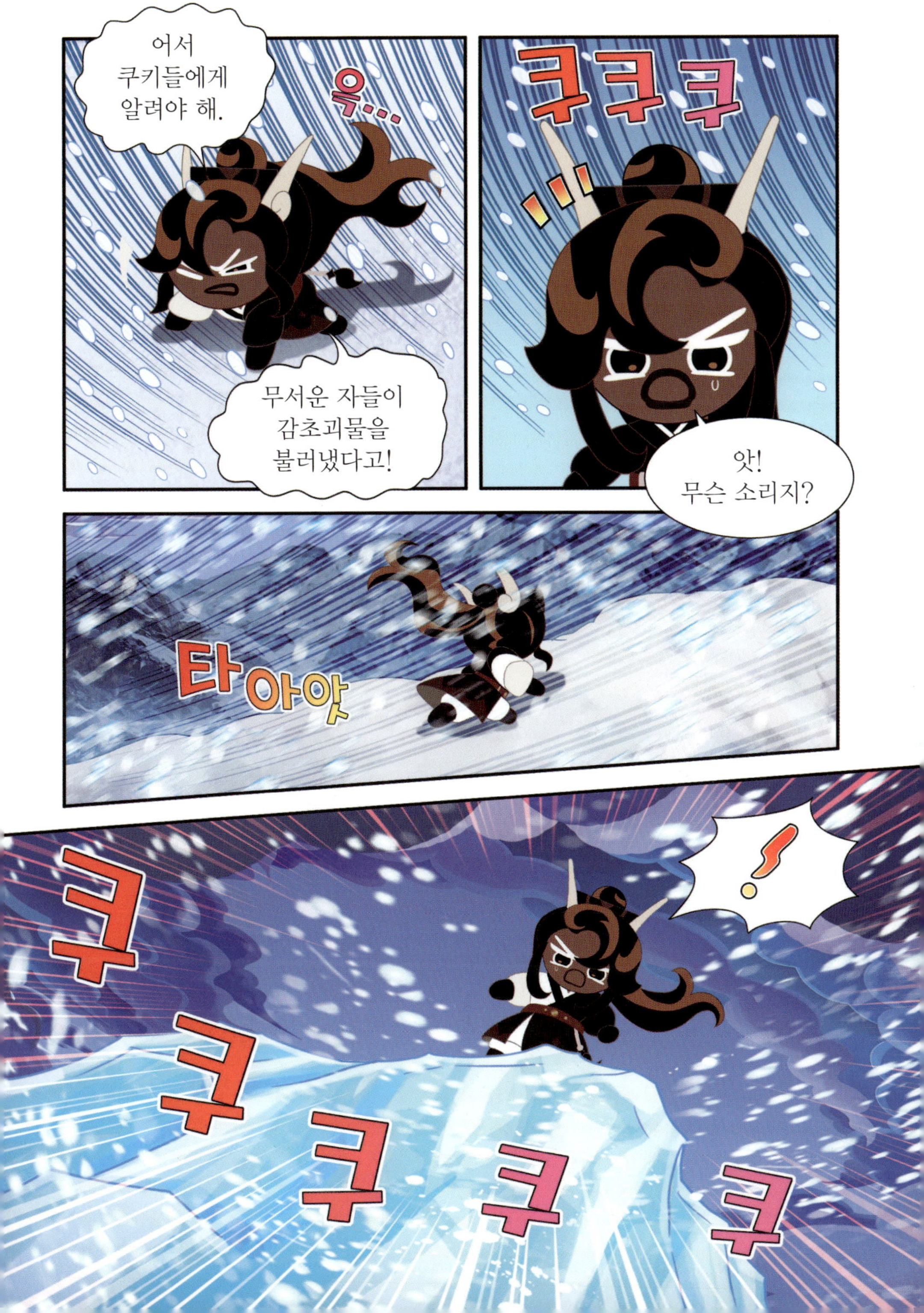
어서
쿠키들에게
알려야 해.
윽…
무서운 자들이
감초괴물을
불러냈다고!
쿠쿠쿠
앗!
무슨 소리지?
타아앗
!
쿠쿠쿠쿠쿠

벨벳케이크맛
쿠키,
어디 가?

너, 너는…
어둠마녀 쿠키의
부하!

안 돼! 난 지금
싸울 수 있는 상태가
아닌데….

감초괴물 군단이
진격을
시작한 무렵
피라미드 안의
쿠키들은….

어서 말해라!

지금 이곳에서
무슨 일이
일어나고 있는지!

으….

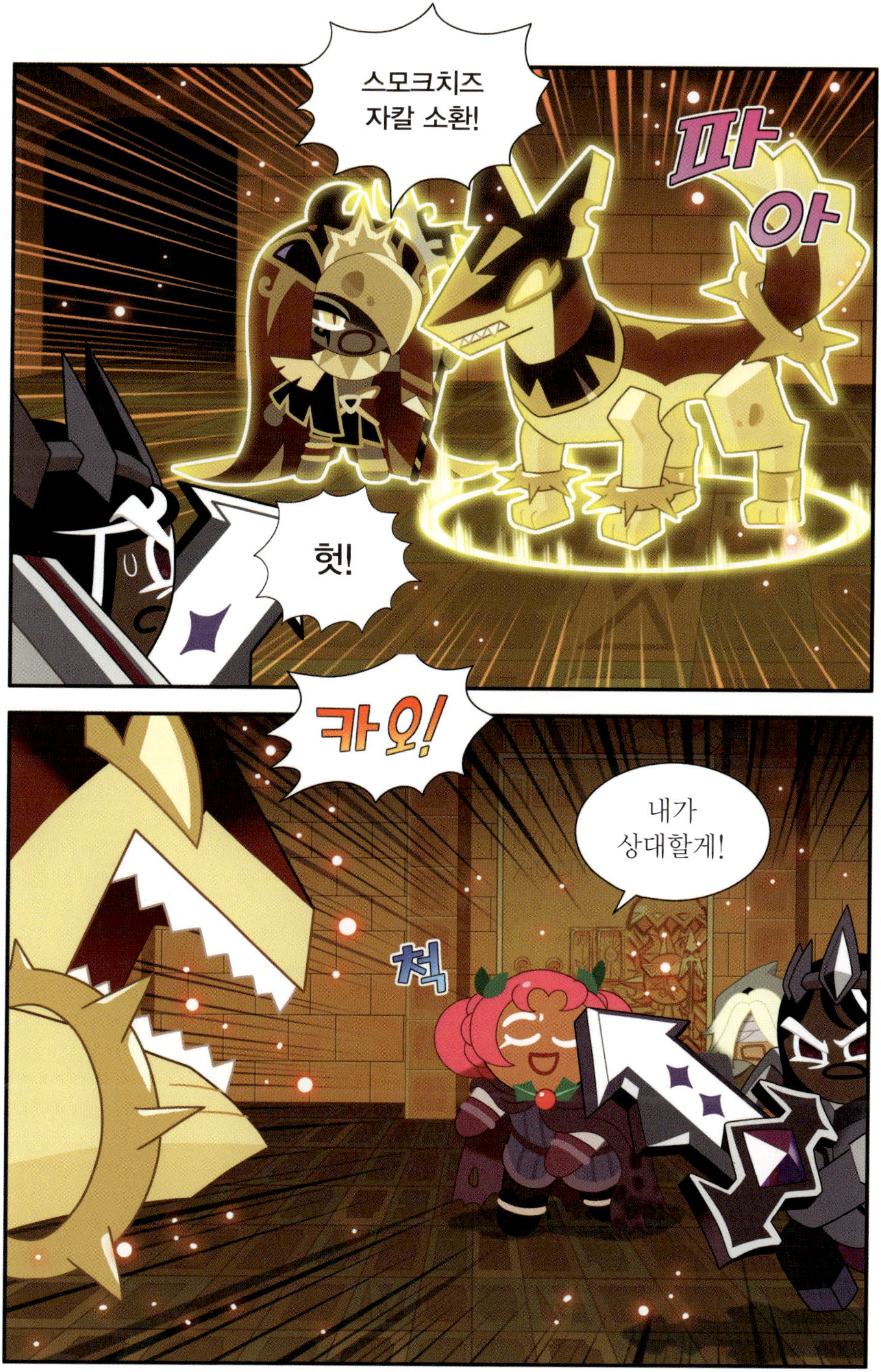
스모크치즈
자칼 소환!
파아
헛!
카오!
내가
상대할게!
척

우리는 저
수정 구슬에서 보이는
골드치즈 쿠키의
친구입니다.

말도 안 돼!
거짓말 마라!

골드치즈 쿠키 님의
친구가 지금껏
살아 있을 리 없어!
그분의 친구들은
이미 수천 년 전에
사라졌단 말이다!

역시 당신도
골드치즈 쿠키를
아는군요.
그는 지금
이곳에 있나요?

우리는 그 옛날 어둠마녀 쿠키와의 전쟁에서 골드치즈 쿠키와 함께 싸웠던 쿠키들입니다.

저는 퓨이바닐라 쿠키죠.

나는 홀리베리 쿠키!

다크카카오 쿠키다.

소울 잼을 가진 영웅 쿠키들! 다, 당신들도 살아 있었다고?!

그렇다! 수천 년간 봉인되어 있다가 깨어났지.

골드치즈 쿠키는 이곳에 봉인되어 있나? 그렇다면 우리가 깨우겠다.

세상에 다시 어둠이 퍼지고 있어요. 얼른 골드치즈 쿠키를 깨워서 함께 싸워야 해요.

골드치즈 쿠키 님을 깨워서 데려간다고?

안 돼….

여왕님이 깨어나면 골드치즈 왕국의 국민들은 모두 사라진다! 그렇게 놔둘 순 없어!

그게 무슨 말이죠?

왕국의 국민들이 아직 살아 있다고?!

힘으로 막지 못한다면 미로를 헤매다가 지쳐 쓰러지게 해 주지!

이 피라미드는 절대 미로의 공간! 이곳에서 영원히 헤매거라!

파아

슈슈슉

앗, 사라졌어!

저자도 마법을 쓰는군요. 골드치즈 왕국에 전해지는 신비한 고대 마법 같아요.

그나저나 무슨 말이지? 국민들이 사라진다니…?

팟

깜깜해 졌다!

화악

오! 고마워!

그러니까 붕대에 감긴 채로 석관에 누우면 몸은 그대로 있고 정신만 이 세계로 오게 된다고?

맞아….

하지만 이렇게 생생한데? 감촉도, 소리도, 냄새도 다 진짜 같은데… 이게 현실이 아니라니!

그럼 골드치즈 쿠키도 석관 안에 누워 있는 거야?

골드치즈 쿠키라면… 이 세계의 통치자….

그는…
특별한 방에 놓인
황금관 속에
있어…

나도 그 방에
들어가 본 적이 있는데…
엄청난 기운 때문에
몸이 부서질 것 같아서
바로 나왔어…. 너무…
무서운 곳이었어….

이 사실을 당장
친구들에게
알려야겠어!

여기서 나가려면 어떻게 해야 해?

나가려고…?

당연하지!

못 나가….

무슨 소리야? 못 나간다니?

석관에 한 번 들어가면… 다시는 못 깨어나…. 이제… 이곳에서 영원히 살아야 해…!

여기서 계속 살아야 한다고? 말도 안 돼!!

응…. 대신 영원히 살 수 있어….

여기선 다치지도 않고…
병들지도 않고… 죽지도 않아….
그러니 다들 행복해하잖아….
너도… 적응하면
행복해질 거야….

아니야!

아무리
천국 같다고 해도
이건 현실이
아니잖아!

이곳에 사는 건
꿈을 꾸는 거나
마찬가지야!
아무리 행복해도 꿈은
꿈일 뿐이라고!

그래… 그럼 난 네 친구들한테 가 볼게….

고마워!

저, 골드치즈 쿠키를 만나려면 어떻게 해야 하나요?

어허~! 감히 여왕님의 존함을 함부로 부르다니!

아, 죄송…. 골드치즈 쿠키 여왕님은 어떻게 만나나요?

그분을 만나려면 최소한 한 달 전에는 예약을 해야 해.

네?!

하지만 하루에 한 번씩 중앙 신전 밖으로 나와서 도시를 살피시니 그때 멀리서 뵐 수는 있지.

아! 마침 나오셨군!

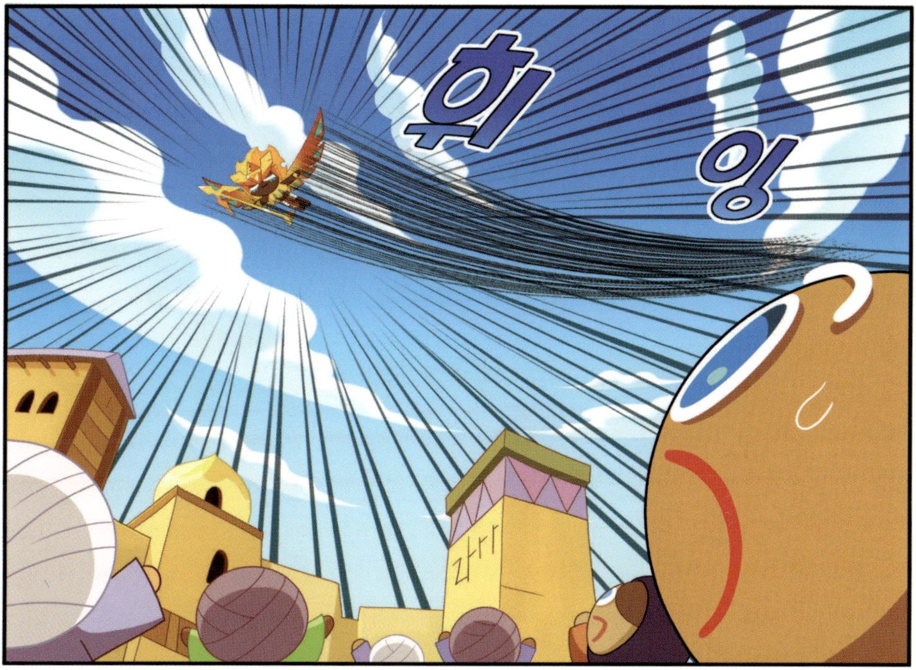
휘
잉

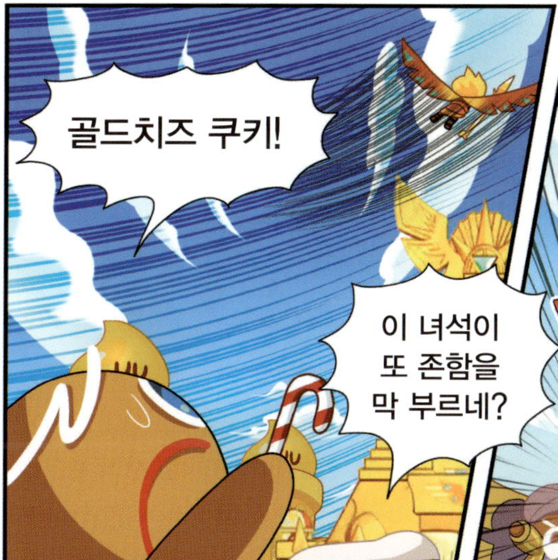
골드치즈 쿠키!
이 녀석이 또 존함을 막 부르네?

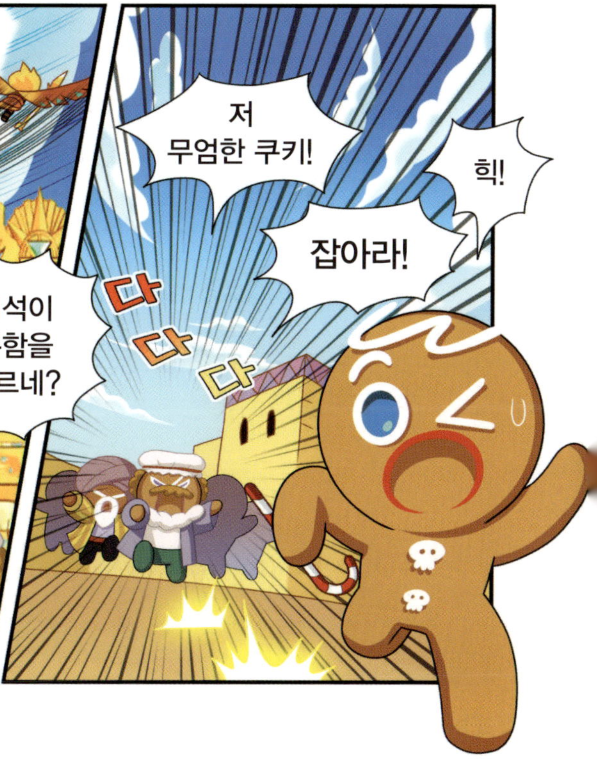
저 무엄한 쿠키!
잡아라!
다다다
힉!

하아 하아

현실 세계가
아닌데도
뛰면 힘드네….

휘이잉

앗!

벌써 피라미드로
돌아갔잖아?!

저기가
골드치즈 쿠키가
지낸다는 중앙
신전인가….

경비병들 때문에
정문으로 들어갈
수는 없겠는걸.

그렇다면….

내 특기를
발휘해야겠군!

씨익

2화 골드치즈 쿠키의 기억

골드치즈
쿠키?!

거기서
그러고 있지 말고
어서 올라와!

아….

문 놔두고
왜 거기로 온 거야?

널 정식으로
만나려면 한 달 전에
예약을 해야 한다고
그러더라고!

골드치즈 쿠키의 기억 🔹 41

다들 자기 나라로 돌아가 잘 살고 있지?

퓨어바닐라 쿠키야 알아서 잘할 테고, 홀리베리 쿠키도 걱정할 필요 없고….

아….

다크카카오 쿠키가 문제지. 날 항상 못마땅하게 여겼잖아.

황금으로 변기를 만들다니, 제정신인가?!

아껴 써!

우리 왕국에선 널린 게 황금이라고!

나한테 어찌나 잔소리를 하던지….

다크카카오 왕국이 워낙 척박한 환경이니까 이해는 해.

푸하하…

골드치즈 쿠키….

끌쩍~
너 말야…
그러니까
그게….
혹시
마지막 전투 때
무슨 일이 일어났는지
기억해…?
무슨 소리야?
당연히
기억하지!

치열한 싸움 끝에
우리가 힘을 모아
어둠마녀 쿠키를
물리쳤잖아!

그런 다음
다시 만날 것을 기약하며
각자의 나라로
돌아갔지.

아….

너는
쿠키 대륙에 남아
여행을 하겠다고
했고.

그 후
난 우리 왕국으로
돌아와서….

와아

와

와

전 국민의
열렬한 환영을
받았지!

그리고 난 이제 남은 생은 국민들의 행복을 위해 살기로 마음먹었어.

덕분에 우리 왕국의 국민들은 세계 최고의 복지를 누리며 살고 있지.

전 국민 교육비, 의료비, 주거비 무료! 각자에게 집도 한 채씩 제공되고, 평생 취미 활동에 필요한 돈도 국가에서 지급하고, 또….

골드치즈 쿠키의 기억이 엉망이야….

대체 무슨 일이 있었던 거지?!

골드치즈 쿠키, 만약에 말이야….

마지막 전투에서
어둠마녀 쿠키를
봉인시켰지만
우리는 모든 힘을 다 써서
사라져 버렸고….

그 사이에
대륙의 모든 왕국이
다 멸망했다면….

바닐라 왕국도,
홀리베리 왕국도,
다크카카오 왕국도,
그리고 골드치즈 왕국도
모두 사라지고….

그 후
수천 년이 흘러
모두의 기억에서도
잊혔다면….

하….

용감한 쿠키….

무슨 말도
안 되는 소리야!
일어나지
않을 일을 왜
상상해야 해?

쓸데없는
얘긴 그만두고,
우리 왕국의 명소
구경이나 하는 게
어때?

하지만
골드치즈 쿠키!

관광대신!
내 친구에게
황금도시를
안내해 주거라.

네,
여왕님!

아니,
잠깐만!

가시죠.
풀코스로
모시겠습니다.

앗,
나는….

잘 다녀와!

뭐지? 갑자기 끔찍한 장면이 떠올랐어!

폐허가 된 황금도시라니!

골드치즈 왕국은 이렇게 아름답고, 국민들도 평화롭게 지내고 있는데…. 그런 일이 있었을 리 없잖아!

내 말이
맞지?

아….

미로를
탈출했어!

이게 탈출한 건가?
다 때려 부순 거지!

하지만 이곳은
피라미드의
상층일 뿐이에요.
피라미드는 아래로 갈수록
넓어지는 구조고요.

현재 위치

그렇다면 아래로 구멍을 뚫어서 내려가자!

다 부수면 결국 골드치즈 쿠키랑 용감한 쿠키를 찾을 수 있을 거야!

모든 걸 힘으로 해결하려 하지 말아요….

방법은 이것뿐이야.

그럼 간다!

그만! 피라미드를 다 부숴서 없앨 작정이야?!

어! 저 녀석?

피라미드가 사라지면 골드치즈 쿠키 님과 국민들도 모두 사라진다!

그걸 바라는 건 아니겠지?

알아듣게 얘기해라.

정말 진실을 알고 싶나?

그렇다니까! 당장 말해라. 이곳에서 무슨 일이 일어난 것인지!

내 말대로 하면 모든 걸 알 수 있다. 내 말에 따르겠는가?

무엇을 하라는 건가?

간단하다.
붕대로
온몸을 감싼 뒤
석관에 누우면
된다.

그럼
모든 것을
알려 주지.

흠,
어려운 일은
아닌데….

이상한 낌새가
있으면 바로
붕대를 찢어
버리면 되잖아.

좋습니다.
당신 말대로 하지요.
대신 꼭 모든 걸
알려 주셔야
합니다.

물론이지.
피라미드를 걸고
맹세한다!

자, 그럼
붕대를 감아라.

슈아아

앗!
벽에서 붕대가
나오네!

좌 라 라 락

아…
안 돼요…!

누구냐!

봉대에 감겨
석관에 누우면…
다신 깨어나지
못해요….

파

넌
뭐야?

처음 보는
쿠키인데?!

뭐라고?

츄 학

으으….

용감한 쿠키의
친구들이죠…?
용감한 쿠키가…
당신들에게 알리라고
했어요….

너는
수정 구슬 속에서
용감한 쿠키와
함께 있던 쿠키!

용감한 쿠키는
지금 어디 있어?

잠시 후….

뭐라고요?

용감한 쿠키가
정신으로 만들어진
세계에 있다고요?

너! 지금 당장
용감한 쿠키가 있는
곳으로 안내해!
안 그러면 정말
이 피라미드를
산산조각
내 버릴 거야!

아…!

정말이잖아?!

용감한 쿠키,
일어나게!

억지로 깨우면
정신과 육체의
연결이 끊어져
다시는 원래대로
돌아오지 못한다.

뭐?

정신으로
만들어진
세계라….

그 수정 구슬에서 본 것이 전부 정신으로 만들어진 세계였군요.

이건… 마법인가요?

마법과 과학의 조화지. 골드치즈 쿠키 님의 소울 잼이 이뤄 낸 기적이라고 해야 하나….

앗! 그렇다면 그 역시 정신으로 만들어진 가상 세계에 있겠군요!

어쩌다 그런 일이?!

그러니까… 어둠마녀 쿠키와의 전쟁이 막바지에 이르렀을 무렵….

출전하기 전에 골드치즈 쿠키 님은 이런 결정을 내리셨지.

내가 없는 동안 케이크 몬스터들이 황금도시를 공격할 수도 있다. 그러니 이곳에 방어막을 만들어 두겠다.

그래서 골드치즈 왕국의 국민들을 모두 이 황금도시로 모이게 한 후,

마법과 과학, 소울 잼의 힘으로 만든 거대한 방어막을 치셨다.

도시는 몬스터들의 무지막지한 공격에도 끄떡없었다. 골드치즈 쿠키 님의 방어막 덕분이었지!

와! 정말 대단해!

위대한 여왕, 골드치즈 쿠키 님 만세!

그러나 갑작스럽게 지진이 일어났고 도시가 갈라지기 시작했다.

쿠쿠쿠쿠쿠

골드치즈 쿠키 님도 예상치 못했던 일이었지….

몬스터들이 떠난 뒤 아름답던 도시는 폐허가 되었다.

하지만 놀랍게도 방어막은 그런 상황에서도 여전히 제 기능을 하고 있었지.

얼마 후 골드치즈 쿠키 님이 돌아오셨다….

죄송합니다! 국민들을 지키지 못했습니다….

살아남은 건 오직 저 하나입니다. 제게 벌을 내려 주십시오!

나의….

왕국이….

나의 국민들이….

골드치즈 쿠키 님은 충격에 정신을 잃은 듯 멍하니 있다가 갑자기 이렇게 외치셨다.

방어막! 방어막은 여전히 건재해. 그렇다면 국민들의 죽음은 아직 진행되지 않았다!

그게 무슨 말이야? 죽음이 진행되지 않았다니?

아!

소울 잼의 힘으로 방어막 안에서의 죽음이 그 순간에 멈춰 있게 된 모양이군요.

미래에 치료하기 위해 냉동 보관된 환자들처럼 말이에요.

그렇다! 그 사실을 깨달은 골드치즈 쿠키 님은 부서진 도시에서 유일하게 남은 피라미드에 국민들을 보관할 보관소를 만드셨지.

그리고 골드치즈 왕국에 전해지는 모든 과학 기술, 마법, 소울 잼의 힘을 이용해 국민들의 정신이 영원히 행복하게 살아갈 수 있는 가상의 세계를 창조하셨다.

뭔가 무서운 일이 있었던 것 같은데….

그럴 리가! 우린 항상 행복했어!

그리고 그곳을 다스리기 위해 골드치즈 쿠키 님도 스스로 가상 세계에 들어가셨지.

바깥에서 관리할 쿠키도 필요했기에 그 일은 내가 맡았다.

그렇게 수천 년을 지냈단 말이야?

벌써 시간이 그렇게 흘렀나?

피라미드에 흐르는 소울 잼의 힘 덕분에 나도 늙지 않고 영원히 살아갈 수 있었던 모양이군.

이것이 내가 아는 전부다. 지금 골드치즈 쿠키 님과 국민들은 가상 세계에서 더할 나위 없이 행복한 삶을 살고 있어!

저들의 행복을 방해하지 말고 떠나라. 부탁이다!

왜지?
저들은 지금
이대로
행복하다니까!

그럴 순
없습니다.

어둠마녀 쿠키가
부활했어요.

전보다
더 강력해진 힘을
가지고서요.

이번엔 정말로
대륙 전체를
멸망시키려 할 겁니다.
이곳도 피할 수
없을 거예요.

이대로라면
골드치즈 쿠키는
또다시 국민들을
잃고 말 겁니다.

그럴 수가…!

골드치즈 쿠키가
있는 곳으로
안내해 주세요.
직접 봐야겠습니다.

3화 가상 세계 속으로

으으…
흘러나오는 기가
엄청나!

보통 쿠키는
견딜 수
없을 정도의
기로군.

골드치즈 쿠키의 힘이
소울 잼의 기운을
증폭시키고 있어요.

이것이
가상 세계를 유지하는
에너지의 원천이군요.

우리도 소울 잼을 가지고 있지만 소울 잼의 힘을 이렇게까지 끌어내 쓰지는 못해요.

골드치즈 쿠키의 힘은 정말 굉장하네요.

황금의 신이자 골드치즈 왕국의 위대한 여왕이시니… 당연하지!

퓨어바닐라 쿠키, 이제 어떻게 해야 해?

여기서는 우리가 할 수 있는 일이 없잖아.

제가…

가상 세계로 들어가겠습니다.

골드치즈 쿠키가 그곳이 현실이 아니라는 사실을 자각하고 깨어나면, 나와 용감한 쿠키도 가상 세계에서 벗어나 현실로 돌아올 수 있을 거예요.

골드치즈 쿠키 님을 설득할 수 있을 거라 생각하나?

그분은 이미 저곳이 현실 세계라고 굳게 믿고 있다!

그러니 제가 직접 만나 일깨워 줘야죠.

스모크치즈맛 쿠키 님, 가상 세계의 설정은 당신이 밖에서 조정할 수 있죠?

관리자 자격으로 설정을 변경할 수 있긴 한데, 그건 왜 묻지?

그럼 가상 세계에서 저의 능력을 최대치로 만들어 주세요.

뭐라고?

그림 전 그곳에서 전지전능한 능력을 갖게 될 거예요.

관리자가 그런 것도 할 수 있어?

대체 무슨 소리인지….

무슨 짓을 하려고 그런 부탁을…!

자! 어서 가상 세계에 들어가 봅시다!

왜지 신나 보이는데?

그럴 리가요!

빨리 가요~!

깡충 깡충

확실히 신났군!

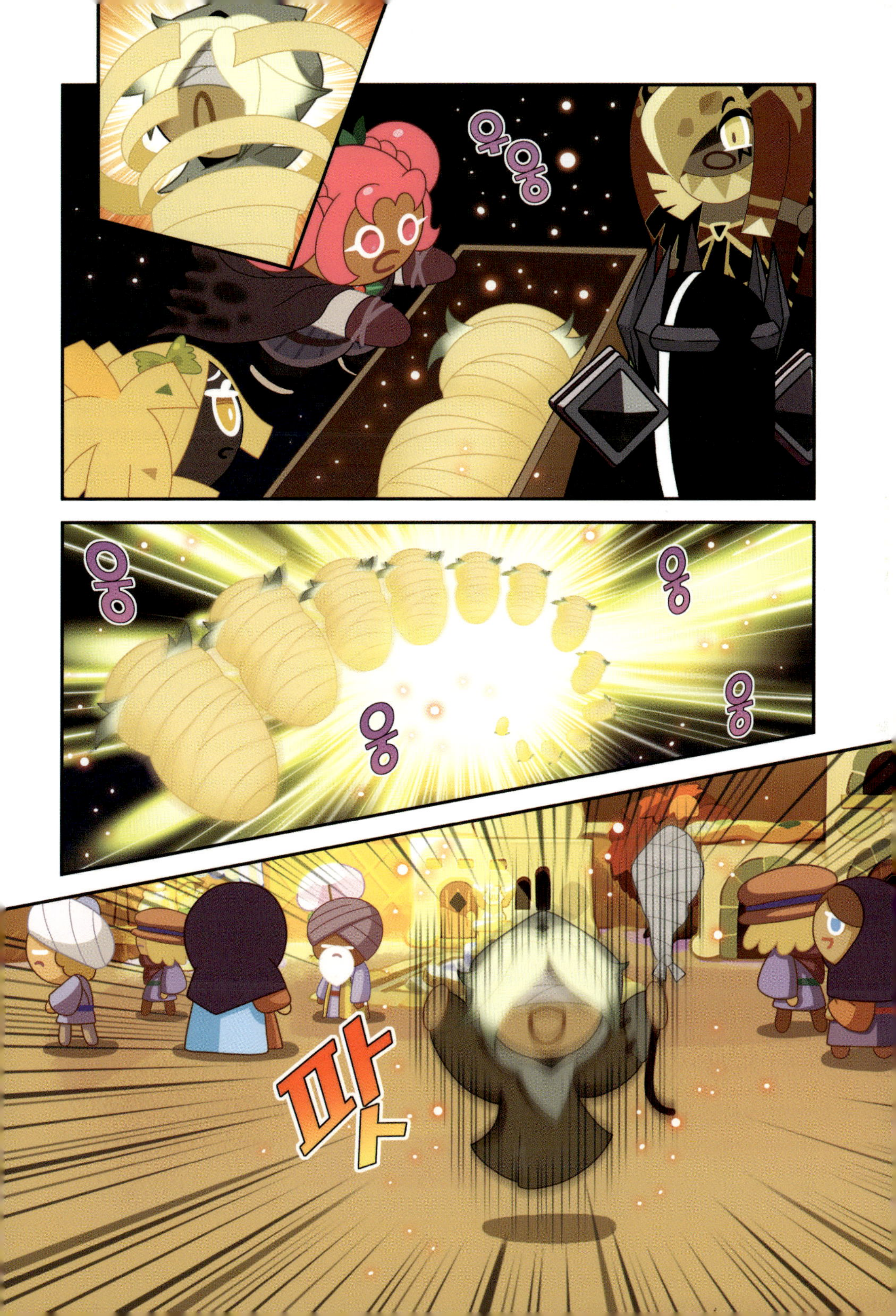

우웅
웅
웅
웅
웅
파

이제 진실을 깨닫게 해야죠. 어서 골드치즈 쿠키를 만나러 가요.

그런데 당분간은 아무도 신전에 들이지 말라고 했대.

정문으로 들어갈 순 없으니 또 피라미드를 기어올라야 해….

그럴 필요 없어요.

그럼 어떻게 골드치즈 쿠키를 만나려고?

날아가죠, 뭐!

응?

이렇게요!

뿅

뿅

어어? 어떻게 된 거지?

용감한 쿠키?!

하늘을 날다니, 너 그런 능력도 있었어?

에고….

저 쿠키는 누구야? 우리 황금도시에도 거지가 있었나?

저예요. 퓨어바닐라 쿠키!

뭐?!

네가 퓨어바닐라 쿠키라고?

이제 제 말이
믿기나요?

퓨어바닐라 쿠키!
어떻게 된 일이야?

당신의 왕국은 이미 오래전 멸망했고, 국민들은 산 것도 죽은 것도 아닌 상태로 가짜 세상에서 가짜 행복을 느끼며 살아가고 있어요.

앗, 그렇게 단도직입적으로 말하면…!

쿠쿵

말도 안 되는 소리! 그런 헛소리나 할 거면 당장 내 눈앞에서 사라져!

사라지라고요?

쿠오오

이렇게요?

끼악!

뿅

!

또 이런 유치한 마법을?!

나의 마법이 아니라니까요!

가만두지 않겠다!

화

앗, 진정해!

저와 싸우시려고요?

전 이 가상 세계에서 무엇이든 할 수 있는 능력을 받았어요. 골드치즈 쿠키도 저를 이길 순 없죠.

무슨 소리야? 이 왕국에서 날 이길 자는 없다!

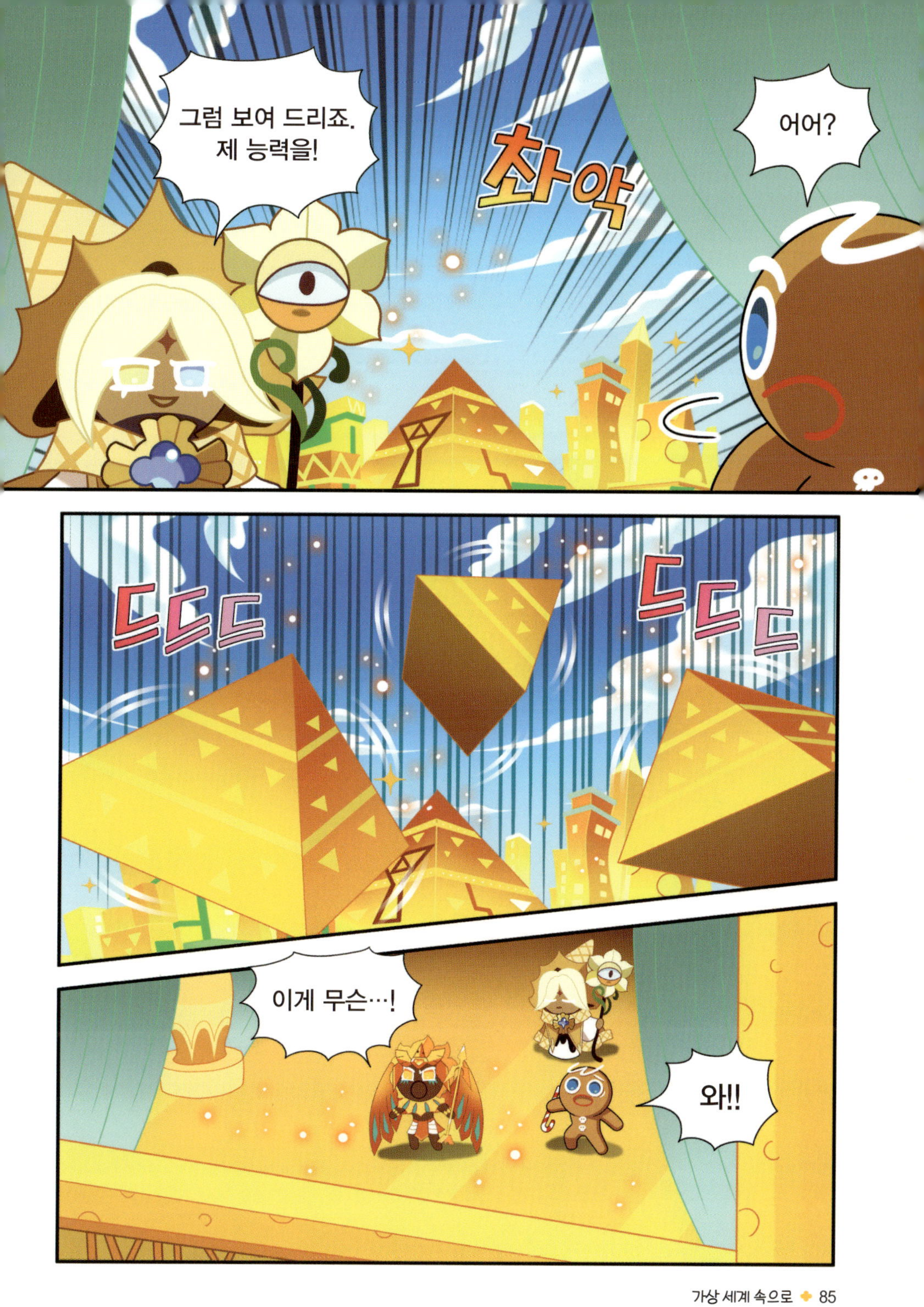
그럼 보여 드리죠.
제 능력을!
촤악
어어?
드드드
드드드
이게 무슨…!
와!!

여긴…
우주?!

이건
꿈이야…!

맞아요.
모든 건 꿈이에요.

현실을
보여 줄게요.

뭐?

이게 당신이 그토록 사랑하는 국민들의 현실이에요.

아니야…. 이럴 리 없어….

팟

떠올려 보세요. 어둠마녀 쿠키와의 마지막 전투 후에 겨우 살아남아 돌아온 당신이 본 광경을….

그럼 지금 이 현실은 가짜고, 그 광경이 진짜라고?

어떻게 이런 일이…!

산 것도 죽은 것도 아닌 국민들의 정신을 불러내 가상 세계에서 가짜 행복을 느끼며 살아가게 하는 것은 현실 도피에 불과해요. 이런 짓은 이제 그만두세요.

으으으….

골드치즈 쿠키….

이제 현실을 마주해야죠.

싫어….

현실에 좋은 게 없는데 왜 현실로 돌아가야 하지?

가상 세계에서 행복한 삶을 살 수 있게 해 준다는데, 그게 잘못인가?

골드치즈 쿠키, 기억이 돌아왔구나!

외면하고 있었을 뿐, 사실 과거의 기억은 단 한순간도 잊지 않았을 거예요.

골드치즈 쿠키, 현실로 돌아가야 할 이유가 있습니다.

그런 건 없어!

어둠마녀 쿠키가 부활했어요.

세상은 다시
전쟁터가 될 거예요.
이 피라미드가
어둠마녀 쿠키 일당의 공격을 받아
파괴된다면 당신의 국민들은
다시는 부활하지 못하고
그대로 사라지고 말겠죠.

부활…?

그게 가능해?
나의 국민들이
되살아날 수 있다고?

수천 년의 세월이
흐르는 동안
세상은 변했어요.

크렘 공화국의
과학 기술은 마법의 힘을
넘어섰죠. 그 기술과
소울 잼의 힘을 합치면
국민들을 부활시킬 수
있을지도 몰라요.

아직
확실한 건
아니지만….

그래도 희망은 있잖아요.

희…망!

잠든 채로 멸망할 것인가, 작은 희망이라도 붙잡고 행동할 것인가….

골드치즈 쿠키! 모든 건 너의 선택에 달렸어.

아….

내가 현실로 돌아가면 가상 세계는 사라지고 나의 국민들은 아무것도 느끼지 못하는 상태가 되어 버릴 텐데!

네가 이런 내 심정을 알아?!

골드치즈 쿠키….

나의 조국,
바닐라 왕국도
멸망했어요.

다크카카오 왕국도,
홀리베리 왕국도
마찬가지예요.
나는 그대의 심정에
누구보다 깊이
공감할 수 있어요.

아….

우리에게 다시 한번
이 대륙과 쿠키들을
지킬 수 있는 기회가 왔어요.
그 기회를 놓치지 않으려면
골드치즈 쿠키가 필요해요.

아휴, 답답해! 뭐가 어떻게 되는 건지 알 수가 있어야지!

네가 그 수정 구슬 방을 때려 부수지만 않았어도 볼 수 있었을 거다!

으….

으으….

퓨어바닐라 쿠키가 돌아오나 봐!

부르르

퓨어바닐라 쿠키!

내가 풀어 줄게!

짝

짝 짝

깨어났구나!!

모두 여기 있었네?

다다다

아….

저건 용감한 쿠키가 아닌가!

이제 골드치즈 쿠키가 있는 방으로 가죠.

4화 쿠키 대륙의 위기

이게 어떻게
된 거지?

왕국 전체가
텅텅 비었잖아?!

미리 도망친 건가?

우리가 오는 걸 어떻게 알았지?

성공했군!

쿠키들은 없지만… 어쨌든 이 도시를 다 부숴 버려라!

위 어 어 어

왜?

어둠마녀 쿠키 님이 명령하셨잖아. 이 대륙에서 쿠키들의 흔적을 싹 지우라고!

잘한다!
다 부숴 버려라!

그런데
이제 어디로 가지?
계획이 좀
필요한 것 같아.

여러분, 조금만 더 가면 됩니다.

힘들어도 견뎌 주세요.

주위에 다른 왕국도 있는데 꼭 쑥버무리 왕국까지 가야 하나요?

그곳이 가장 안전합니다. 쑥버무리 왕국의 성벽은 대륙에서 손꼽히게 견고하거든요.

그 무시무시한 괴물들을 막아 낼 수 있을지는 모르겠지만….

그래도 끝까지 해 봐야지….

괜찮아요?

아….

아아….

응…?

머리에 꽃을 달고 있는 걸 보니 좀 독특한 쿠키인 것 같네.

이곳은 위험해요. 저를 따라오세요.

아….

철푸덕

어이쿠!

웅성 웅성

거기!
그러고 있지
말고 어서
대피하세요!

곧 전쟁이
시작될 겁니다!

전쟁…?

또
전쟁이라니….
누구와…?

앗!
뭔가가
다가온다!

감초괴물 군단의 힘으로는 이 성벽을 무너뜨리기 어려울 것 같군.

그렇다면….

벨벳케이크맛 쿠키!

너는 저런 성벽 따위 쉽게 뛰어넘을 수 있잖아!

성벽을 넘어 들어가서 문을 열어 줘!

콰 아 아

워어

끼아악!

괴물이다!

콰
콰
콰
콰

으아아악!

살려 줘!

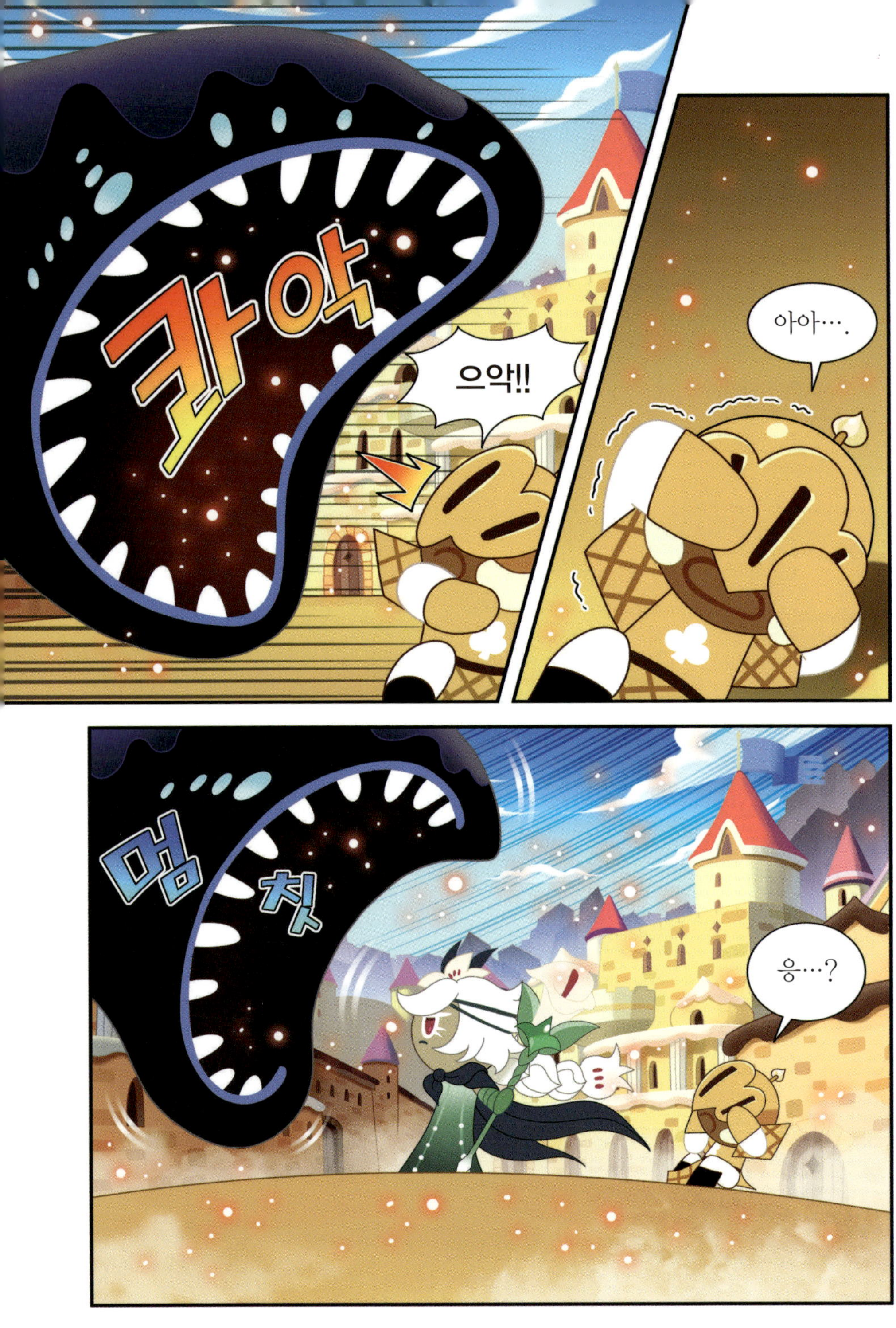
콰악
으악!!
아아….
멈칫
응…?

응?
왜 이리
조용해?

워어

워어

뭐야?!

왜 멈춰
서 있는 거야!

설마
저 활을 든 쿠키가
무서워서
그러는 건가?

이봐!
왜 감초괴물들이
꼼짝도 안 하지?

그건
나도 모른다!

날 보더니
그냥 멈춰 버렸어!

네 뒤의 쿠키는
누구냐?

신경 쓰지 마라!
이 쿠키는
아무 상관없는
쿠키다!

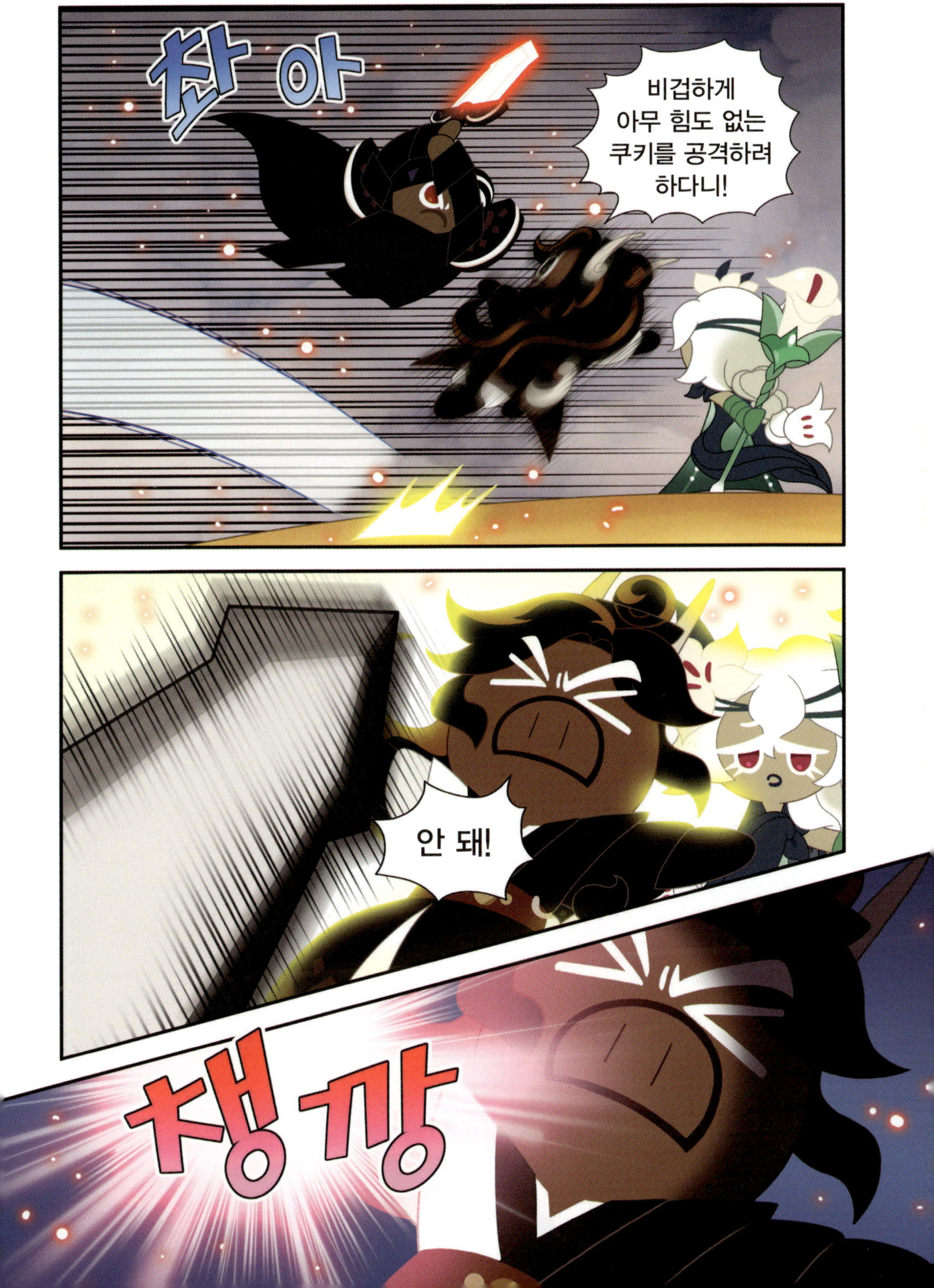
챵 아
비겁하게 아무 힘도 없는 쿠키를 공격하려 하다니!
안 돼!
챙 깡

정신 차려!
뭐 하는 짓이야?

군단장이나 되어서
힘없는 민간 쿠키를
해치려고 해?!

나는
가장 강한 적을
상대한다.

너무 강하다…!
버티기가
힘들어!

제정신이 아니다!
검이 정신을
지배했군!

저렇게
연약한 쿠키가
어딜 봐서 강한
적이라는 거야!

비켜라!

캉

으윽!

큰일이다! 다크초코 쿠키가 제정신이 아니야!

원래 제정신이 아니잖아!

이러다 무슨 일 나겠어!

뭐? 그럼 안 되지!

파아아

감초젤리 해골 소환!

우웅

웅

웅

말도 안 돼!
도대체 얼마나
강한 거야?

우리 힘으론
감당할 수
없어!

이, 이런….

뭐야?
감초괴물이 왜
저 쿠키들을
감싸는 거지?

감초괴물은
어둠마녀
쿠키 님만을 섬기는
존재인데…!

어둠마녀 쿠키….

그가
있다는 것은….

역시…
그랬구나….

내가 벌인 일이니 내가 수습해야겠지….

아, 저….

척

고마웠어요.

당신같이 좋은 쿠키를 만나서 정말 다행이에요.

어떻게 태어났든 모두가 소중한 존재인 것을…. 왜 그땐 알지 못했는지….

스르르

앗! 잠깐만요!

저 쿠키….
왠지 낯이
익은데….

생각났다!
검은 성벽 아래에서
유물을 조사할 때!

흑당맛 쿠키 님!
저 아래 깊숙한 곳에
있는 방에서 이런
것이 나왔습니다.

뭐지?

으… 먼지가
엄청나군.

앗!

이건…?

사막은
벗어났네.

이제
어디로 가지?

스타더스트
쿠키에게 물어서
어둠마녀 쿠키가
있는 곳으로
싸우러 가야죠!

스타더스트
쿠키를 만나려면
또 폭죽을
터뜨려야 하나?

하!
스타더스트 쿠키도
양반은 못 되네!

응?

저길 봐!
스타더스트 쿠키가
오고 있어!

파
아
아

우웅

와!
정말이네!

골드치즈 쿠키를
찾았구나!

네!

이제 우린
완전체야!

달빛술사 쿠키 님은 잘 계시죠?

마법을 만드는 데에 온 힘을 쏟고 계셔.

다크문 마법과는 달리 어떤 희생도 필요하지 않은 완벽한 마법을 완성하실 거야!

그렇군요. 정말 기대 되네요.

어쨌든 잘 오셨어요. 오신 김에 지금 어둠마녀 쿠키가 어디 있는지 알려 주세요.

어둠마녀 쿠키가 있는 곳이라….

정확한 위치는 알 수 없어. 엄청난 규모의 검은 구름이 하늘을 완전히 뒤덮고 있거든.

그보다 먼저 알아야 할 것이 있어.

어둠마녀 쿠키의
감초괴물 군단이
대륙 정복을 시작했고,
벌써 많은 왕국이
파괴되었어.

지금은
쑥버무리 왕국을
공격하는 중이야!

그럼 얼른
쑥버무리 왕국으로
가야겠네!

잠깐!
또 알려 줄 게
있어.

달빛술사 쿠키 님께서
다크카카오 쿠키에게
이 말을 전해 달라고
하셨어.

무슨…?

자, 간다!

번쩍

흑당맛 쿠키 님, 부서진 성벽은 대충 수리했습니다!

언제 다시 감초괴물 군단이 쳐들어올지 모르니 단단히 대비해야 합니다.

예, 알겠습니다!

나는 대장도 아닌데 왜 다들 나한테 보고하는 거지…?

어쨌든 감초괴물 군단이 떠난 지도 며칠이 지났군.

그들은 어디로 간 걸까?

쿠

웅

우왓!

와!
진짜 1초 만에
도착했네요!

그럼 난
이만!

너희는 누구냐!
설마 감초괴물 군단
패거리?!

아, 저희는 여러분을
도와 감초괴물 군단을
무찌르러 온
쿠키들이에요.

뭐?!

그런데
감초괴물은
어디에 있나?

깜짝

앗! 당신은!
초상화의
그 쿠키…?

?!

초상화라니?

나는 검은 성벽을
지키는 파수꾼,
흑당맛 쿠키입니다.
성벽을 순찰하다가
찾은 유물 중
당신이 그려진
초상화가 있었어요.

아…!

흑당 일가는 대대로
우리 왕국에서 성벽 수호
임무를 맡은 가문이었지!
그 가문의 후손이 아직도
있다니… 감격스럽군!

지금
무슨 말씀을
하시는 겁니까?

들어도
이해하기
힘들 것이다.

초상화라… 기억이 나는군.
출전하기 전 기념으로
남기려고 아들과 함께 있는
모습을 그렸지.

레벨업 퀴즈 ①

영웅 쿠키들과 스모크치즈맛 쿠키가 만나 일어난 일을 순서대로 나열해 보세요.

1

지금 이곳에서 무슨 일이 일어나고 있는지!

으….

영웅 쿠키들은 스모크치즈맛 쿠키에게 피라미드에서 어떤 일이 일어난 것인지 진실을 밝히라고 요구한다.

2

너희 정체가 뭐야?!

스모크치즈맛 쿠키는 영웅 쿠키들이 평범한 쿠키가 아니라는 것을 깨닫고 그들의 정체가 무엇인지 묻는다.

3

빵야!

이런…!

홀리베리 쿠키는 힘을 쓰지 않고 기운만으로 무시무시한 스모크치즈 자칼을 제압한 후, 그를 강아지처럼 길들이기까지 한다.

4

스모크치즈 자칼 소환!

파아

헛!

스모크치즈맛 쿠키는 피라미드의 비밀을 캐내려는 영웅 쿠키들을 물리치려고 비장의 무기인 스모크치즈 자칼을 소환한다.

(   ) – (   ) – (   ) – (   )

레벨업 퀴즈 ②

다음 글을 잘 읽고
선택지 중 옳은 것을 고르세요.

문해력

과거 골드치즈 쿠키는 골드치즈 왕국 국민들의 안전을 위해 방어막을 만든 후 어둠마녀 쿠키와의 전쟁에 출전했다. 그러나 예상치 못한 지진이 일어나 땅이 갈라졌고, 그 틈으로 케이크 몬스터들이 침입해 골드치즈 왕국은 아수라장이 되고 말았다. 이후 전쟁을 마치고 돌아온 골드치즈 쿠키는 폐허가 된 왕국과 쓰러진 국민들을 보고 실의에 빠졌지만 곧 방어막 덕분에 국민들의 죽음이 진행되지 않았다는 사실을 깨닫고 국민들이 정신만으로 영원히 살아갈 수 있는 가상 세계를 만들었다.

① 골드치즈 쿠키는 몬스터의 왕국 침입에 대비하지 못한 채로 급하게 전쟁에 출전했다.
② 골드치즈 쿠키가 만든 방어막은 케이크 몬스터들의 공격에 의해 부서졌다.
③ 전쟁을 끝내고 돌아온 골드치즈 쿠키는 폐허가 된 왕국을 보고 크게 낙담하여 왕국을 떠났다.
④ 골드치즈 쿠키는 골드치즈 왕국 국민들을 위해 가상 세계를 만들었다.

①과 ③의 그림을 보고, ②에 들어갈 만한 장면을 자유롭게 그리거나 써 보세요.

창의력

1

이곳에 있는 나의 친구, 골드치즈 쿠키를 만나야지.

왜 이런 일이 벌어졌는지 골드치즈 쿠키는 알 거야.

2

3

하하하! 내 친구라고 하면 바로 예우하며 모셔 왔을 텐데….

어쨌든, 들어와!

레벨업 퀴즈 ④

황금도시의 비밀을 알게 된 용감한 쿠키!
A 그림과 B 그림을 비교하며 다른 부분
다섯 곳을 찾아보세요.

마침내 현실로 돌아온
위대한 영웅, 골드치즈 쿠키!

과거 어둠마녀 쿠키와 맞서 싸운 영웅 쿠키 중 하나인 골드치즈 쿠키가 드디어 잠에서 깨어나 현실 세계로 돌아왔다는 소식입니다. 오랜 시간 잠들어 있던 골드치즈 쿠키를 찾아낸 것은 용감한 쿠키와 영웅 쿠키들이었는데요, 이들은 스타더스트 쿠키의 조언에 따라 찾아간 사막에서 수상한 피라미드를 발견했고, 우여곡절 끝에 그곳에서 골드치즈 쿠키를 만날 수 있었다고 합니다. 골드치즈 쿠키는 전쟁을

전쟁을 앞두고 자신만만한 미소를
짓는 골드치즈 쿠키

마치고 돌아온 후 폐허가 된 왕국의 모습을 마주하고 큰 충격을 받았으며, 이후 정신으로 만들어진 가상 세계로 도피해서 국민들과 행복하게 살아가고 있었습니다. 그러나 어둠마녀 쿠키가 부활했다는 소식에 더는 가상 세계에만 머무를 수 없다는 사실을 깨닫고 결국, 현실 세계에 돌아오기로 결정했다고 하지요. 이로써 전부 모인 영웅 쿠키들은 비장하게 각오를 다지며 이번에야말로 어둠마녀 쿠키를 끝장내고 쿠키 대륙의 영원한 평화를 되찾겠다는 강력한 의지를 전했습니다.

오랜만에 만나 정겨운 대화를
나누는 골드치즈 쿠키와 친구들

통치자의 눈으로 황금도시를
구석구석 살피는 골드치즈 쿠키

피라미드의 미스터리, 페투치니맛 쿠키를 만나다!
"친구에게 도움이 되어… 무척 기뻐요…."

　　골드치즈 왕국의 비밀을 간직한 곳, 피라미드는 쿠키들의 호기심을 자극하는 신비한 장소입니다. 이곳에 특이한 쿠키가 살고 있다는 소문을 듣고 찾아가 보았는데요. 소문의 주인공은 붕대 같은 면발을 온몸에 칭칭 감은 독특한 외모의 소유자, 페투치니맛 쿠키였습니다. 페투치니맛 쿠키는 가상 세계와 현실 세계를 드나들 수 있는 놀라운 능력을 가진 것으로도 유명한데요, 그 능력을 이용해 용감한 쿠키 일행이 골드치즈 쿠키를 만나는 데 결정적인 도움을 주었다고 합니다. 골드치즈 쿠키의 현실 복귀에 큰 공을 세운 소감을 묻자 페투치니맛 쿠키는 "친구를 돕는 건 당연한 일이니까요…. 도움이 되어… 기뻐요…."라고 답하며 부끄러운 듯 말을 흐렸습니다.

갑작스러운 인터뷰 요청에 당황한 듯한 페투치니맛 쿠키

❦ 레벨업 퀴즈 정답 ❦

퀴즈①

①-④-③-②
피라미드에서 스모크치즈맛 쿠키를 만난 영웅 쿠키들은 진실을 말하라며 스모크치즈 쿠키를 다그치고, 궁지에 몰린 스모크치즈맛 쿠키는 영웅 쿠키들에게 맞서 싸울 스모크치즈 자칼을 소환한다. 하지만 예상과 달리 스모크치즈 자칼이 쉽게 항복하자, 스모크치즈맛 쿠키는 당황하며 영웅 쿠키들에게 정체를 밝히라고 소리친다.

퀴즈②

④. 골드치즈 쿠키는 골드치즈 왕국 국민들의 정신이 여전히 살아 있다는 것을 깨닫고 정신만으로 영원히 살아갈 수 있는 가상 세계를 만들었다.

퀴즈④

초판 1쇄 인쇄 2024년 6월 21일
초판 1쇄 발행 2024년 6월 28일

글 김강현
그림 김기수
발행인 심정섭
편집인 안예남
편집팀장 이주희
편집 김이슬
제작 정승헌
브랜드마케팅 김지선
출판마케팅 홍성현, 경주현
디자인 디자인 레브

발행처 ㈜서울문화사
등록일 1988년 2월 16일
등록번호 제2-484
주소 서울시 용산구 새창로 221-19
전화 02-799-9168(편집) | 02-791-0752(출판마케팅)

ISBN 979-11-6923-301-9
ISBN 979-11-6438-804-2 (세트)

대한민국 대표
생물 관찰 크리에이터 제발돼라와 함께
곤충들의 하루를 탐구해 보세요!

선생님들이 추천하는
생생한 곤충 관찰 영상 모음집

초등 교과와 연계된
알차고 풍부한 곤충 상식 전달

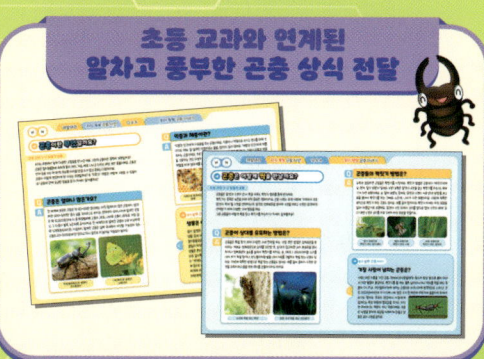

서울문화사 구입문의 (02)791-0752

무한의 계단을
수학 학습 만화로 만나다!

책 속 특별 부록

수학 실력을 확인할 수 있는 워크북이 들어 있어요!

수학여행만 있으면 내가 바로 수학 히어로!

초등 필수템 수학과 친해지는 특별한 방법

① 재미와 지식을 모두 잡은 본격 수학 학습 만화!

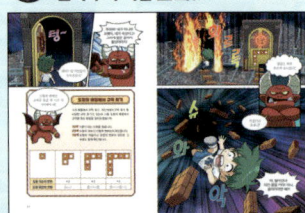

② 초등 필수 수학 개념 완벽 정리!

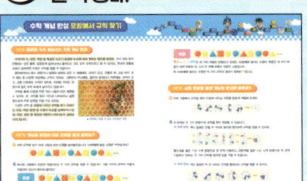

③ 지식의 폭을 넓히는 융합 수학 이야기 수록!

문의 전화 : (02)791-0752　서울문화사

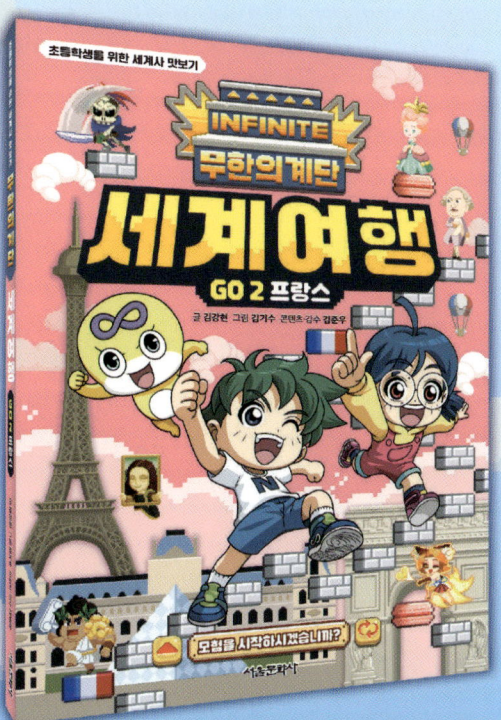

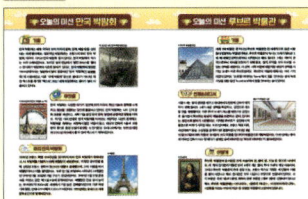